# ÁNGELES

# ÁNGELES

David Pawson

Anchor Recordings

Copyright © 2024 David Pawson Ministry CIO

Originalmente publicado en inglés con el título:
ANGELS

El derecho de David Pawson a ser identificado como el autor de esta obra ha sido afirmado por él de acuerdo con la Ley de Copyright, Diseños y Patentes de 1988.

Traducido por Alejandro Field

Esta traducción internacional en español se publica
por primera vez en Gran Bretaña en 2024 por
Anchor, que es el nombre comercial de David Pawson Publishing Ltd
Synegis House, 21 Crockhamwell Road,
Woodley, Reading RG5 3LE

Ninguna parte de esta publicación podrá ser reproducida o transmitida de ninguna forma o por ningún medio, electrónico o mecánico, incluyendo fotocopia, grabación o ningún sistema de almacenamiento o recuperación de información, sin el permiso previo por escrito del editor.

**Si desea más de las enseñanzas de David Pawson,
incluyendo DVD y CD, vaya a
www.davidpawson.com**

**PARA DESCARGAS GRATUITAS
www.davidpawson.org**

**Si desea más información, envíe un e-mail a
info@davidpawsonministry.org**

ISBN 978-1-913472-91-7

Impreso por Ingram

## *Índice*

|  | Prólogo | 9 |
|---|---|---|
| 1. | Ángeles buenos | 11 |
| 2. | Ángeles malos | 27 |
| 3. | Conflicto de poderes sobrenaturales | 43 |

Este libro está basado en una serie de charlas. Al tener su origen en la palabra hablada, muchos lectores encontrarán que su estilo es algo diferente de mi estilo habitual de escritura. Es de esperar que esto no afecte la sustancia de la enseñanza bíblica que se encuentra aquí.

Como siempre, pido al lector que compare todo lo que digo o escribo con lo que está escrito en la Biblia y, si encuentra en cualquier punto un conflicto, que siempre confíe en la clara enseñanza de las escrituras.

*David Pawson 1930 - 2020*

# PRÓLOGO

Un amigo y yo volvíamos en auto a Basingstoke una noche de fuerte tormenta de nieve. Para cuando llegamos a la ciudad, las carreteras estaban llenas de nieve compacta y cubiertas de hielo. En nuestro 4x4 pasamos junto a muchos vehículos abandonados (más de mil en la zona, según supimos más tarde). Pero aun nuestro 4x4 no consiguió subir la última cuesta antes de mi casa. Un par de coches vacíos yacían al pie de una capa de hielo puro. Conseguimos llegar a la mitad de la cuesta antes de que los neumáticos perdieran adherencia y nos quedáramos parados.

De repente, me di cuenta de que había alguien afuera (yo iba en el asiento del acompañante) y, cuando bajé la ventanilla, nos dijo que nos ayudaría a salir del atolladero. A continuación, dio a mi amigo, que conducía, instrucciones muy precisas ("levanta el pie del acelerador, gira a la derecha, ahora a la izquierda", etc.). Se quedó con nosotros hasta que pudimos llegar a la cima de la colina ara bajar lentamente hasta mi casa.

Fue entonces cuando me di cuenta de lo extraordinaria que había sido su intervención. Nuestros faros no habían detectado a nadie en la carretera aparte de los pocos vehículos abandonados al pie de la colina. Había aparecido de repente a nuestro lado y desapareció abruptamente antes de que pudiéramos darle las gracias. Y, lo que es más importante, había permanecido a nuestro lado mientras nos encontrábamos en una pendiente empinada cubierta de hielo sobre la que habría sido difícil, por no decir imposible, que alguien se mantuviera en pie, y mucho menos desplazarse lateralmente. Y debió de ser excepcionalmente alto, ya que tuve que mirar hacia arriba por la ventanilla desde mi asiento en un vehículo alto. Tengo un vívido recuerdo de un rostro oscuro y apuesto.

Todo esto me convenció de que era otra de las raras ocasiones en mi vida en las que he sido consciente de un ángel "guardián" y de su oportuna ayuda. Tanto si usted, lector mío, ha tenido una experiencia así como si no, hay suficiente información sobre ángeles en la Biblia como para prepararlo para el día en que estará rodeado de los buenos en el cielo o de los malos en el infierno. Siga leyendo para descubrir la diferencia.

*Capítulo 1*

# ÁNGELES BUENOS

En primer lugar, lea 2 Reyes 6:1-23. Es un relato extraordinario, y si no fuera cristiano no lo creería, pero es una historia maravillosa que cuenta cómo enemigos se convirtieron en amigos. Me pregunto qué les parece lo más maravilloso de ese pasaje: el hacha flotando, la ceguera o el simple hecho de que los sirios no volvieron a atacar a Israel después del trato recibido.

En segundo lugar, lea ahora Hebreos 1:1-2:9. Ese pasaje pone a los ángeles en su lugar, a nosotros en el nuestro, y a Jesús en el suyo.

Este tema de los ángeles se asocia comúnmente con la Navidad y las narraciones del nacimiento en los Evangelios. Hay representaciones de la natividad y llegan tarjetas de Navidad en las que a menudo aparecen ángeles. Hay "angelitos" que no siempre son angelitos en esas representaciones de la natividad, un tema que trataremos. Cuando leemos el relato del Evangelio de Lucas, descubrimos que los ángeles son parte integral del mismo.

Al principio mismo, hay un ángel que anuncia a Zacarías que iba a tener un hijo llamado Juan en su vejez. Pasamos las páginas y encontramos a un ángel que se acerca a María (probablemente una niña de quince años) y le dice: "Aunque no estás casada, vas a tener un hijo". Luego, a su prometido, un joven que trabajaba duro como carpintero para conseguir el dinero suficiente para establecer un hogar juntos, el mismo ángel vino y le explicó una situación de lo más delicada: le dijo a José que su prometida iba a tener un hijo. Entonces, después de que el bebé naciera, el bebé no debería haber sobrevivido dos años, humanamente hablando, porque el era tan odiado por un rey que los soldados fueron enviados a masacrar a todos los niños menores de dos años en todo el distrito. Fue un ángel el que vino a José otra vez de noche y le dijo: "José, vete a Egipto y llévate al niño contigo".

Todo el relato está lleno de ángeles, pero supongo que cuando quitamos las luces, guardamos los adornos y reciclamos las tarjetas de Navidad, muchos de nosotros dejamos de pensar en los ángeles durante otros doce meses. Incluso si nos tomamos en serio a los ángeles en Navidad, hay algunas personas, incluso las que van a la iglesia, que difícilmente consideren que los ángeles sean reales. La típica discusión entre una Navidad y la siguiente parece reducirse una pregunta bastante burda sobre si en algún lugar del universo hay vida inteligente. Cada vez que oigo a la gente discutir sobre esto, me dan ganas de reír y de decirles que la Biblia dijo, hace dos mil años, que no somos los únicos seres inteligentes del universo. Nosotros estamos limitados a la tierra, pero ahí fuera hay miríadas de seres inteligentes. El universo no está vacío. Puede parecer vacío a nuestros telescopios, pero en realidad no lo está.

Es interesante que la ciencia ficción idee criaturas grotescas que tienen muchas más conexiones minerales, animales y vegetales que espirituales, y que criaturas extrañas crucen nuestras pantallas en películas y vídeos. A uno de los primeros astronautas rusos que viajó al espacio le preguntaron los periodistas: "¿Qué vio ahí arriba?". Respondió: "Pues yo no vi ningún ángel", echó la cabeza hacia atrás y rugió de risa mientras bebía su vodka. Pero ellos lo vieron a él. Es irrisorio que la gente descarte a los ángeles como hadas, como criaturas de fantasía infantil que se pueden descartar con Papá Noel.

Cuando vamos a la Biblia, encontramos una actitud muy diferente. Desde el primer libro hasta el último descubrirá que los ángeles forman parte de lo que sucedió. Iré tan lejos como para decir que dudo que alguien pueda ser un cristiano pleno que no crea en los ángeles porque, para decirlo de forma muy sencilla, en mi mente un cristiano pleno es alguien que sigue a Jesús. Jesús creía en los ángeles, trataba con ellos, nos decía qué pensar de ellos y nos hablaba de ellos. ¿Cómo puedo afirmar que sigo a Jesús y nunca pensar seriamente en los ángeles que tanto significaban para él?

Antes de intentar responder a las preguntas sobre quiénes son, qué son, qué aspecto tienen, qué hacen, por qué la Biblia nos habla de ellos y si me resulta de alguna ayuda práctica saber sobre los ángeles, debo despejar el terreno. Antes de poder construir, hay que despejar el terreno de todo lo que no debería estar allí. Así que permítame abordar tres ideas erróneas con las que me he topado. Una se refiere al *aspecto* de los ángeles. Debemos quitarnos de la cabeza la idea de que los ángeles son hermosas criaturas con largos camisones blancos y hermosos cabellos rubios y rizados y ojos azules, alas, etc. Hay algunos elementos de verdad en esto y puede que se parezcan un poco así cuando los vemos en el cielo, pero este tipo de apariencia de "hada" es tal que nadie podría haber recibido a un ángel sin darse cuenta, y la Biblia dice muy simplemente que algunas personas han hecho esto. Sin darse cuenta, han tenido un ángel en su casa. Sin duda, si usted abriera la puerta de su casa y hubiera una visión de ese tipo frente a usted, no habría ninguna duda. Tanto Abraham como Lot recibieron la visita de ángeles y no se dieron cuenta al principio de que se trataba de seres sobrenaturales. Los ángeles vinieron en la simple forma de seres humanos; pueden aparecer de esa manera.

En segundo lugar, quiero abordar una idea errónea de su *origen*. No son personas que han muerto y se han convertido en ángeles al otro lado de la tumba. La Biblia nunca da base alguna para pensar que nos convertimos en ángeles cuando morimos. Encontré esta idea particularmente arraigada en relación con los niños, como si los niños pequeños se convirtieran en ángeles y querubines si mueren. No, aclaremos este punto. Los ángeles y los seres humanos están muy separados, y no tienen ninguna relación directa entre sí. Fueron creados por separado. Son órdenes diferentes de seres, y los ángeles nunca se convertirán en seres humanos, ni los seres humanos llegarán a ser ángeles.

# ÁNGELES

En tercer lugar, veamos su *función*. No son mediadores entre el hombre y Dios. No debemos adorarlos ni orar a ellos. Por lo menos dos veces en el último libro de la Biblia, los ángeles le dicen a Juan: "No te postres y me adores. Solo soy un siervo de Dios como tú". No debemos confundir a los ángeles con otra cosa que no sean mensajeros de Dios. Son simplemente sus mensajeros, para llevar sus palabras, para cumplir sus órdenes dondequiera que vayan. Hubo en algún momento una moda en Inglaterra (como en otros lugares) de que las iglesias reclamaran santos o ángeles, y así tenemos todos los nombres: Gabriel y San Miguel estaban entre los favoritos.

Algunas iglesias (para adelantarse a las demás) se llamaron a sí mismas "Todos los Santos" o "Todos los Ángeles" e intentaron acapararlos todos, pero de hecho sabemos que no reclamamos la protección particular de santos o ángeles. Son mensajeros de Dios, no nuestros; al menos, todavía no. Lo serán algún día, pero no ahora. Vamos directamente a Dios a través de Jesucristo y solo de él.

Habiendo despejado el terreno en estos asuntos, permítame comenzar diciendo que la Biblia enseña que los ángeles son un orden distinto de seres, entre la humanidad y Dios. No son mediadores sino un orden de criaturas superiores a las personas e inferiores a Dios. Son superiores a nosotros porque son más fuertes que nosotros, son más bellos que nosotros y son más inteligentes que nosotros. No nacen como nosotros nacemos, no crecen como nosotros crecemos, no se casan como nosotros nos casamos y no tienen hijos como nosotros tenemos hijos, así que su número está fijado por Dios, que los creó. Él los creó y así han permanecido desde entonces.

Son espíritus y no tienen cuerpos de carne, aunque tienen el poder de aparecer como cuerpos. No mueren como morimos todos. Pertenecen al cielo, no a la tierra, pero son inferiores a Dios. No comparten su poder ni su conocimiento. Solo él es todopoderoso, y solo él es omnisciente. No son eternos; hubo un tiempo en que fueron creados, por lo que Dios mismo es el único ser eterno.

Hay un número incontable de ángeles en el universo. "Diez mil veces diez mil" es una frase; "miríadas y miríadas"; y "huestes", ¿se da cuenta de cómo esa palabra "huestes" recorre la Biblia? Está el capitán de las huestes del Señor; y está el Dios de las huestes. La palabra "hueste" es el mayor número de personas posible en el idioma hebreo. Hay títulos, grados, rangos y nombres entre ellos; hay arcángeles, querubines, serafines, principados y potestades. Algunos de ellos tienen nombre. Gabriel, Miguel y Lucifer se mencionan en las páginas de las Escrituras.

Se nos dice que su belleza es tal que, si los viéramos en su gloria celestial, diríamos: "¡Qué belleza arrolladora!". Los artistas y escultores han encontrado que la forma humana es muy bella, pero si pudiéramos ver a los ángeles diríamos: "Eso sí que es belleza". Jacob descubrió su fuerza una noche que luchó con un ángel junto al arroyo. Luchó y luchó, pero acabó herido por el ángel. Un ángel, como veremos, es más que un rival para 186.000 soldados de infantería.

Considere su inteligencia: no son omniscientes, no entienden todo, pero son mucho más inteligentes que las personas. Saben lo que pasa en la tierra, saben lo que pasa en la vida de usted. Los ángeles saben mucho más que cualquier otra persona. No saben la fecha de la segunda venida de nuestro Señor pero, según la Biblia, saben muchas otras cosas. ¡Su velocidad! ¡Cómo pueden viajar! Tal vez esto es lo que significa la frase "seis alas".

Un día en particular, Daniel oró al Dios del cielo. Dios envió desde lo alto del cielo un ángel y le dijo: "Ve a la habitación de Daniel". El ángel estaba allí antes de que Daniel terminara su oración. Si usted lee su oración en voz alta en Daniel, descubrirá que duró alrededor de un minuto, y sin embargo el ángel viajó desde lo alto del cielo y estaba allí con Daniel en su dormitorio cuando terminó, así de rápido pueden volar los mensajeros del cielo para cumplir la voluntad de Dios. ¿Por qué ora cada vez que va a la iglesia o cada vez que dice el Padrenuestro: "Hágase tu voluntad en la tierra como en el cielo"? Está diciendo: "Que yo sea tan pronto para hacer tu voluntad como los ángeles; que corra para hacerla; que vaya rápidamente a dar tu mensaje a alguien que lo necesita".

Quizá lo más importante que dice la Biblia sobre los ángeles es que hay buenos y malos en proporción de dos a uno: que un tercio de los ángeles del cielo se han rebelado contra Dios y han decidido intentar arrebatarle su reino. Diré más sobre esto más adelante. Por ahora pensaremos en los buenos y en lo que hicieron en el ministerio de Jesús. No solo estuvieron presentes en su nacimiento —llevando a cabo esas delicadas negociaciones con José y María, llevando esos sorprendentes mensajes a los seres manos—, sino que a lo largo de todo el ministerio de Jesús descubrimos que los ángeles intervienen en un momento tras otro.

Cuando fue tentado y se encontró solo con las fieras y el diablo en el desierto, ¿quiénes lo ayudaron? Se nos dice que vinieron ángeles y lo ayudaron, vinieron a apoyarlo. Hubo una ocasión en la que Jesús pasaba por un pueblo y la gente lo trató mal, gritándole: "¡Fuera de nuestro pueblo, no te queremos!". Los discípulos dijeron: "¿Qué haremos? Se merecen fuego del cielo. ¿Oramos por esto?".

Jesús respondió: "¿No se dan cuenta de que tengo diez mil ángeles esperando para hacer lo que yo les diga? Si quisiera eliminar a alguien, solo tendría que llamar a los ángeles para que vengan. Ellos se encargarían de estas personas". Diez mil ángeles siguieron a Jesús a lo largo de su ministerio galileo y podría haber llamado a cualquiera de ellos en cualquier momento.

En el huerto de Getsemaní, una vez más, estaba solo. Los discípulos dormían. ¿Quiénes lo ayudaron en aquella espantosa agonía, cuando las gotas de sudor se convirtieron en sangre en su frente? Los ángeles vinieron y atendieron a Jesús.

Solo hubo una crisis en la vida de nuestro Señor en la que los ángeles no vinieron a ayudarlo, y fue cuando estaba completamente solo en la cruz. Entonces no había ni un ángel a la vista. El sol se había apagado, Dios se había marchado, el Dios de la luz se había ido y una densa oscuridad cubrió la tierra durante tres horas. Un ángel podría haber sacado los clavos. Un ángel podría haber mandado a la eternidad a aquellos sacerdotes y a aquellos judíos y romanos con la misma facilidad con que hablamos, pero no vino ningún ángel; no hubo ayuda. Las legiones de ángeles guardaron silencio y se mantuvieron alejadas.

Pero ¿quién hizo rodar la piedra del sepulcro? Ningún ser humano tocó esa piedra. Un ángel bajó —se calcula que la piedra pesaba una tonelada y cuarto— la hizo rodar, la empujó y se sentó sobre ella, según la Biblia. Esa es la fuerza de un ángel. Cuando llegaron los discípulos, desconcertados, dijeron: "¿Dónde está? ¿Dónde se ha ido? ¿Dónde está el cuerpo?". Y fueron los ángeles quienes transmitieron el mensaje "No busquen a un Salvador vivo en un cementerio. No está aquí. ¿Por qué buscan al vivo entre los muertos? Vayan y digan a los discípulos que los verá en Galilea".

Cuando llegó el momento de que Jesús volviera al cielo —mientras se quedaban contemplando las nubes—, se acercaron unos ángeles. Les dijeron: "¿Por qué siguen mirando al cielo? Ya se ha ido, pero volverá de la misma forma. Ahora vuelvan a Jerusalén y esperen como él les dijo". Desafío a cualquiera a dar sentido al relato bíblico si descarta la presencia de ángeles. Se quedaría con problemas insuperables, de los cuales la piedra rodada es solo uno.

Haga una pausa ahora por un momento. Los ángeles, hasta el nacimiento de Jesús, siempre lo habían visto por arriba de ellos. Él estaba en el trono de gloria en lo más alto del cielo. Ahora, para su asombro, miran hacia abajo. Por primera vez, tienen que mirar hacia abajo para ver al Hijo de Dios. Con razón dijeron: "Gloria a Dios en las alturas y en la tierra paz, buena voluntad para con los hombres". Vieron al Hijo de Dios como un pequeño bebé en el pesebre. Ahora Jesús está de nuevo sobre ellos y lo ven donde estaba originalmente, pero lo ven de manera diferente.

# ÁNGELES

Por primera vez ven al Hijo de Dios sobre ellos con un cuerpo humano. Ahora miran hacia arriba a un hombre. El hombre que era inferior a los ángeles está ahora muy por encima de ellos —el pionero que prepara nuestro lugar—, porque uno de los secretos de la Biblia es que, aunque la raza humana está ahora por debajo de los ángeles, los que creen en Jesús compartirán la superioridad de él sobre los ángeles, y un día los ángeles harán lo que les digamos. Ese es el destino de todo creyente cristiano: que un día los ángeles cumplan nuestras órdenes. Esto debería dejarnos boquiabiertos. Permítanme que lo baje a la tierra: la próxima vez que se sienta presionado por el jefe en la oficina o en la fábrica, dígase a sí mismo: "Algún día tendré legiones de ángeles a mis órdenes". Puede que eso lo alivie y lo ayude a tener una perspectiva real. Puede sonar como apelar al viejo Adán, pero no lo creo. Solo recuerde su destino y hará que se comporte como un hijo real, príncipe o princesa, alguien destinado a la gloria.

Así que hemos visto el ministerio de los ángeles a Jesús, uno de cuyos títulos es "Capitán de las huestes del Señor". ¿Qué hay de su ministerio a seres humanos?

Jesús habló del interés de los ángeles por los niños pequeños. Cada vez que cuida a un niño pequeño, cada vez que intenta hablar a un niño pequeño sobre Jesús, hay un ángel escuchando. Los maestros de escuela y de la escuela dominical tienen que ser conscientes de ello. Jesús advirtió: "Cuidado con lo que hacen con estos niños. Sus ángeles contemplan el rostro de mi Padre que está en los cielos".

Así que una de sus tareas es informar de lo que hacemos con los niños pequeños. Cuando uno piensa en la crueldad contra el cuerpo, la mente y el alma que se hace a niños pequeños, piensa que algunas personas van a enfrentarse a un castigo horrible cuando los ángeles traigan sus informes. Jesús está diciendo que los ángeles saben lo que hacemos y, por lo tanto, lo informarán, así que tengamos cuidado, no sea que ofendamos a uno de estos pequeños.

También dijo que, si una sola persona se arrepiente del pecado y acepta a Cristo como Salvador, los ángeles en el cielo comenzarán a cantar; cantarán como locos. Esto significa que los ángeles están observando los cultos. Saben todo lo que sucede. Saben que estamos presentes. Las huestes de Dios están a nuestro alrededor cuando adoramos. Si una persona que entró en una reunión como pecadora que no conocía al Salvador sale de la iglesia creyendo en Jesús, los ángeles van a estar hablando de ello: "Un pecador se arrepintió y ha entrado en la familia".

La Biblia da testimonio del ministerio de los ángeles hacia el pueblo de Dios de muchas maneras. La primera es *el ministerio de rodear a una persona con un muro de protección* contra el peligro, el terror y aquello que podríamos temer. Jacob estaba solo la primera noche lejos de casa. Sé lo que se siente. ¿Recuerda la primera noche que estuvo solo en algún lugar, en una cama extraña, sintiendo nostalgia y soledad? Jacob estaba acostado al aire libre. Había tenido que huir de casa, y ni siquiera tenía una casa donde quedarse. Mientras miraba al cielo, pensaba en Esaú, su hermano, que podría correr tras él para hacerle daño. Durmió, soñó, y vio ángeles que subían y bajaban justo donde se encontraba.

De niño me enseñaron a pensar en ángeles junto a mi cama. Me temo que lo descarté cuando crecí, y pensé: "¡Qué idea más tonta! Ángeles junto a mi cama; es como hadas en el jardín". Pero ahora sé que es verdad. Ahora sé que podemos ir a la cama y decir: "Oh Dios de los ejércitos, guárdame mientras duermo". Jacob se despertó y dijo: "Esta no es otra que la casa de Dios, la puerta del cielo; estoy allí mismo, y estos ángeles me rodean, yendo y viniendo todo el tiempo". No los vio cuando se despertó, pero sabía que estaban allí y que dondequiera que fuera tendría esa protección.

Israel conoció esa protección. Hubo una noche terrible y oscura en Egipto en la que la muerte llegó a todos los hogares, pero el ángel pasó por encima de cada hogar del pueblo de Dios, y la muerte pasó de largo. Encontramos esa protección más tarde, en la vida de Eliseo. Me encanta el relato de Eliseo, especialmente cuando no estaba preocupado por el enemigo que lo rodeaba. Estaban en la colina de Dotán, y su siervo se despertó por la mañana, miró afuera y dijo: "Amo, ¿qué haremos? Estamos completamente rodeados, han venido a por ti". Eliseo dijo: "Está todo bien. Oh, Señor, deja que el joven vea cuál es la verdadera situación". Cuando volvió a mirar, entre el círculo exterior de los sirios y Eliseo, el hombre de Dios, había otro círculo de carrozas de Dios. Mientras los sirios avanzaban hacia Eliseo, los ángeles tocaron los ojos de los sirios y no pudieron ver. Toda la situación fue salvada. Ese fue el ministerio de protección.

Permítame volver a poner los pies en la tierra. Recuerdo haber oído de un vendedor comercial en un hotel que entabló amistad con otro vendedor que era un hombre impío. Este último le dijo: "Mira, déjame salir y conseguir un par de chicas para pasar la noche". El que era cristiano dijo: "No quiero chicas". El otro dijo: "Voy a salir a buscar dos y volveré a por ti". El cristiano sabía lo que podía ser la tentación, así que oró para que el Dios de los ejércitos lo protegiera.

El hombre volvió con un par de chicas que había recogido en la calle, y entraron en el comedor donde estaba sentado el cristiano. Miraron alrededor del comedor, en el que solo había unas pocas personas. No pudieron verlo a él, salieron y se marcharon.

Al día siguiente, el vendedor incrédulo le dijo: "¿Dónde te metiste anoche?".

"No fui a ninguna parte", fue la respuesta.

"Pues volvimos al comedor y no estabas".

"Ah, pero estaba allí".

"Pues no te vimos".

Las huestes de Dios todavía pueden cegar. Todavía pueden controlar tanto a un incrédulo que no puede ver al hombre que ha venido a arrastrar al pecado. Podemos reclamar esa protección. Podemos pedir al Dios de los ejércitos que nos rodee.

## Ángeles buenos

¿Quién cerró la boca de los leones en el foso de Daniel? Me educaron en la idea de que no se comieron a Daniel porque la mayor parte de él era piel y hueso, pero no creo que eso lo confirmen las Escrituras. Nos dicen que un ángel vino y cerró las bocas de los leones. ¿Puede imaginarlo? ¡Un ángel lo suficientemente fuerte como para mantener unidas las fauces del rey de la selva! No es que los leones estuvieran pacíficos y tranquilos y simplemente tumbados alrededor de Daniel, como muestran los dibujos de la escuela dominical. Querían devorarlo. Estaban hambrientos. Eran salvajes, pero no podemos comer a nadie cuando alguien nos está apretando las mandíbulas. Un ángel vino y les cerró las mandíbulas. Los ángeles de Dios pueden protegernos.

Los ángeles también pueden *mantenernos*. En los relatos de Agar y Elías vemos que los ángeles pueden cocinar. Ambos estaban en medio del desierto sin nada que comer, y habrían muerto a menos que alguien les hubiera traído comida. Nadie sabía que estaban allí. En ambos casos, un ángel vino y les preparó comida y bebida, manteniéndolos; eso es algo asombroso.

También hay ángeles que *castigan*. Sodoma y Gomorra tenían el tipo de vida que llenaría nuestros periódicos sensacionalistas. Solo vinieron dos ángeles. Dijeron: "Venimos a ver de parte de Dios lo que está pasando. Hemos venido a destruir estas ciudades delante de Dios". Los ángeles pueden destruir en nombre de Dios.

Fueron ángeles los que expulsaron a Adán y Eva del Jardín del Edén, ese lugar encantador. Ahora conocemos la ubicación. Podemos ponerlo en un mapa. Está en el valle donde ahora se encuentra Tabriz, donde todavía crecen árboles frutales. Sabemos exactamente dónde estaba, pero había un hombre y su mujer que no podían acercarse a ese lugar porque dos ángeles estaban allí. Cada vez que iban los ángeles venían y decían: "Fuera, fuera. Dios ya no los quiere aquí".

Los asirios que vinieron contra Jerusalén vinieron con toda su fuerza, 186.000 hombres armados, y la pequeña Israel estaba sitiada dentro de Jerusalén. Ellos oraron a Dios, y Dios envió un solo ángel. En tiempos modernos un arqueólogo, excavando alrededor de las ciudades del sur de Judá, se encontró con la tumba de estos asirios. Hay literalmente miles de cráneos apilados. El arqueólogo estaba viendo el trabajo de un solo ángel. Porque Dios advirtió a esos asirios: "Si vienen contra mi pueblo, vienen contra mí". Se lo había dicho, les había dado amplias advertencias, pero ellos persistieron.

También en el Nuevo Testamento encontramos el mismo ministerio. Encontramos el *ministerio de la liberación*. Aquí tenemos a un discípulo de Cristo encadenado en la prisión interior, con cuatro guardias y una puerta cerrada con llave, pero ¿qué es un candado para un ángel? Un ángel es maravilloso para abrir candados. Pedro se despertó en el medio de la noche. Un ángel había abierto la cadena, que había desaparecido. El ángel le dijo: "Shh, rápido, vístete. Vamos". Salieron, pasando por delante de los guardias que dormían profundamente. Llegaron a las puertas enrejadas y, mientras caminaban hacia ellas, las puertas se abrieron. Pedro se dirigió hacia los cristianos que estaban en una reunión de oración. Todos oraban: "Señor, saca a Pedro de la cárcel".

Entonces llamaron a la puerta, la criada fue y volvió, y dijo al grupo: "¡Es Pedro!".

Ellos dijeron: "No puede ser. Estamos orando por él, está en prisión". No lo podían creer, pero los ángeles pueden sacar a un hombre de prisión. Es imposible resistir a un ángel.

Hay un *ministerio de consuelo*. Cuando Pablo estaba en camino, en ese largo y peligroso viaje por mar, para enfrentarse a César, un ángel vino a él en la noche y le dijo: "Está bien. Llegarás allí. Verás a César. Podrás hablarle del evangelio".

Encontramos un *ministerio de guía*. Felipe es guiado por un ángel del Señor para ir a Azoto y antes a un hombre que es el Secretario de Hacienda de Etiopía, un hombre que está buscando a Dios y leyendo la Biblia. A Felipe le dice un ángel que vaya, a Cornelio le dice un ángel que envíe a buscar a Pedro... y así podría seguir.

En los últimos años he escuchado muchas historias de ángeles que protegen, liberan y mantienen al pueblo de Dios. Lo interesante es que en la mayoría de las historias que he oído, los propios cristianos no vieron al ángel. Me contentaré con dos historias, una de ellas relatada en un libro misionero de Eberstein. Cuenta que dos misioneras en China, antes de que llegaran los comunistas, fueron a la ciudad a recoger del banco el sueldo del personal del hospital, se retrasaron en su viaje de vuelta al hospital de la misión y tuvieron que pasar la noche en las colinas sin protección. Llevaban la bolsa del dinero entre ellas, y en aquellas colinas había bandidos que rondaban de noche, robando y matando.

Las dos mujeres se acostaron, pusieron la bolsa del dinero entre ellas y dijeron: "Oh Dios de los ejércitos, protégenos", antes de quedarse profundamente dormidas. Al día siguiente llegaron sanas y salvas al hospital. Unos meses después, llevaron a un bandido con heridas de escopeta. Una de estas señoras lo estaba vendando cuando el hombre le dijo: "La conozco, la he visto. ¿No estaba una noche en las colinas?".

"Sí", respondió ella.

"Bueno", dijo él, "si no hubiera sido por esos soldados, habría ido y le habría quitado lo que tenía. La habría matado".

Ella preguntó: "¿Qué soldados?".

"Esos veinticuatro soldados que llevaba con usted".

"¿Veinticuatro soldados? No, no había soldados con nosotros".

"Sí, los contamos", dijo él.

Unas semanas más tarde, aquella señora regresó de licencia a su iglesia de Londres, y allí contó esta historia. El secretario de la iglesia, que era muy metódico, le dijo: "¿Puede decirme cuándo fue eso?". Ella le dijo la fecha y él buscó en su diario donde llevaba un registro de cuántos asistían a la reunión de oración de la iglesia. Dijo: "¿Cuántos dijo? Sabe que esa misma noche había veinticuatro personas aquí orando. Teníamos la sensación real de que estaba en peligro y oramos para que Dios la protegiera".

La otra historia, de la Cruzada Fronteriza Afgana, es casi humorística. En los tiempos de la Biblia, por supuesto, los ángeles iban en carrozas, porque eran los vehículos que se utilizaban entonces, pero hoy van en bicicleta. Un misionero que tenía que ir solo en bicicleta de una ciudad a otra sabía que era uno de los caminos más peligrosos desde el punto de vista de los ataques humanos. Así que el misionero se puso en camino, se encomendó al Señor, y llegó sano y salvo. A los pocos días se encontró en el mercado con un hombre muy malvado que dijo al misionero: "Sabes, si no hubieran estado esos otros en bicicleta contigo... te estaba esperando para matarte hace solo dos días".

"No había otros andando conmigo".

Dijo: "Los había. ¿Y esas otras quince bicicletas?". Allí estaban, circulando por la carretera en Afganistán, y el misionero no se dio cuenta.

De hecho, probablemente sea bueno para nosotros que no sepamos que hay ángeles a nuestro alrededor. Podríamos volvernos algo engreídos; podríamos hacernos falsas ideas. Imagínese cómo se sentiría si fueras por la calle y viera un montón de ángeles a su alrededor. Creo que no se adaptaría a la vida normal. Creo que se desequilibraría emocionalmente. A veces es necesario que los veamos, a veces no, pero podemos reclamar su presencia. Podemos acostarnos esta noche diciendo: "Envía ángeles para que me protejan mientras duermo". Podemos levantarnos mañana por la mañana, y sea cual sea el peligro o la responsabilidad a la que nos enfrentemos, sea lo que sea lo que temamos, podemos decir: "Oh Dios de los ejércitos, acampa a mi alrededor, porque te temo". Si teme a Dios, no teme a nada ni a nadie más.

Le diré esto: un día todos vamos a conocer a los ángeles. Un día creerá en ellos, los verá, porque un día va a morir. Entonces yo no podré ayudarlo y su familia no podrá ayudarlo. Un día emprenderá un viaje solo. En la Biblia se cuenta la historia de un pobre mendigo. Se llamaba Lázaro, que significa "hombre que ama a Dios". Nadie lo quería, no tenía nada que comer ni dónde vivir, y vivía solo en la acera. Le habrían encantado las migajas con las que los ricos se limpiaban las manos. No usaban servilletas, sino que tomaban un trozo de pan, se frotaban las manos con él y lo tiraban debajo de la mesa. A él le habría encantado comérselo, pero no pudo y murió. El hombre al que nadie había cuidado en toda su vida fue llevado por los ángeles al seno de Abraham.

Llegará el día en que emprenda su viaje solo, cuando los seres humanos ya no puedan ayudarlo. Dios tiene a los ángeles esperándolo al otro lado. Ellos le mostrarán el camino. Lo llevarán adonde necesite. Un día el Señor Jesús volverá de la gloria y todos, el mundo entero, lo verán. Sabrán que es el Señor, pero la Biblia dice al menos tres veces que, cuando venga, vendrá con sus ángeles, y los veremos con él. Sabremos que son reales y sabremos que son verdaderos y también lo sabrá todo el mundo. ¿No es emocionante creer en los ángeles y saber que realmente existen? Son los mensajeros de Dios y él los envía para que nos ayuden y atiendan nuestras necesidades si somos de él.

*Capítulo 2*

# ÁNGELES MALOS

En primer lugar, lea Efesios 6:10-20. Conozco a un cristiano que no sale por la mañana hasta que se ha puesto toda la armadura de Dios. Antes de salir por la puerta principal, se detiene y dice: "¿Tengo mi escudo? ¿Me he puesto la coraza? ¿Me he puesto el casco esta mañana? ¿Tengo mi espada?". Lo repasa deliberadamente, paso a paso, se pone cada pieza de la armadura, y luego sale al encuentro del día. No es de extrañar que no sea derrotado a menudo.

Efesios 6:12 nos dice que no tenemos lucha contra sangre y carne, sino contra principados, contra potestades, contra los gobernadores de las tinieblas de este siglo, contra huestes espirituales de maldad en las regiones celestes.

Hay tres sorpresas que uno se lleva cuando lee la Biblia en relación con nuestro tema de los ángeles. La primera es que existen tales seres, los ángeles, otras criaturas inteligentes en el universo, sobrenaturales, más allá de nuestros sentidos, sobrehumanos.

La segunda sorpresa es descubrir que hay malos y buenos. Si, mientras leía el capítulo anterior de este libro sobre los ángeles buenos, se sintió reconfortado y fortalecido con el pensamiento de que había ángeles buenos a su alrededor, me temo que puede tener sentimientos encontrados al darse cuenta de que también hay huestes espirituales de maldad a nuestro alrededor.

La tercera sorpresa es que estos ángeles malos no están en algún inframundo sino en lugares celestiales. Allí es donde están todos los ángeles, tanto los malos como los buenos. La verdadera batalla que está teniendo lugar hoy no es en absoluto en la tierra sino en el cielo, y son los ángeles malos en el cielo los que están detrás de la mayoría de los problemas que estamos teniendo en este viejo mundo nuestro.

Esta es la verdadera respuesta a la vieja pregunta "¿De dónde vino el mal?". La Biblia deja bien en claro que no se originó con Dios. Cuando Dios hizo todo con sus manos, lo miró y dijo: "Eso es bueno, es muy bueno". Solo cosas buenas podían venir de un Dios bueno, así que el mal no vino de él. Dejemos eso absolutamente claro. Pero el mal tampoco se originó en el hombre. No somos tan originales; lo sacamos de otra parte. Hay maldad tanto en la naturaleza como en el hombre, y me parece que el hombre no es responsable de toda la maldad de la naturaleza. Una parte, sí, pero no todo. La humanidad puede ser responsable de los desiertos de polvo que son el resultado de políticas agrícolas, pero no somos responsables de muchos de los terribles desastres naturales que ocurren.

¿De dónde vino entonces el mal? La Biblia parece afirmar que el mal no empezó con Dios, ni con el hombre, sino entre los ángeles, y que, debido a su poder sobrenatural, han sido capaces de corromper este mundo en el que vivimos, no solo a nivel humano, sino también a nivel de la naturaleza. Ahora bien, no hay mucho escrito en la Biblia sobre cómo comenzó el mal entre los ángeles, porque no fue escrita para especular. Fue escrita con el propósito principal de enfrentar a los seres humanos con sus responsabilidades. Por lo tanto, no es importante que sepamos todo lo que sucede entre los ángeles malos. Solo necesitamos saber de ellos en la medida en que pueden influir en nuestra vida para mal. No necesitamos saber muchas otras cosas. Pero juntando las pistas que hay en la Biblia, podemos decir dos cosas sobre los ángeles malos.

Si vamos a la pequeña carta de Judas, por ejemplo, se nos dice que "los ángeles no mantuvieron su posición, sino que abandonaron su propia morada". ¿Qué significa esto? Luego Pedro, en su segunda carta, escribió: "Los ángeles, cuando pecaron..."

Hay dos cosas acerca de los ángeles que se desprenden de esos dos textos. Una: los ángeles tenían libre albedrío. Eran mensajeros, no máquinas. Podían decir: "Dios, no haré lo que tú quieres que haga. No llevaré este mensaje para ti; no cumpliré esta misión".

Lo segundo que queda claro es que cayeron de su posición de obediencia. Así que el libre albedrío y la caída de los ángeles se enseñan claramente en las Escrituras, y de ahí salieron. Por supuesto, no se los llama ángeles cuando caen sino demonios.

Es una tragedia que la palabra misma nos confunda, porque evoca cierto tipo de imágenes. Hoy me han traído una revista parroquial, que siempre me parece muy interesante, pero en una de las ilustraciones aparecían demonios medievales: criaturas horribles que hervían a gente en calderos, revolviéndola con horquillas y toda clase de detalles escabrosos. Era un cuadro muy sangriento. Hemos heredado ese tipo de imagen, pero la palabra "demonio" significa literalmente "deidad inferior". Alguien casi tan poderoso como Dios, pero no tanto. Alguien por debajo de Dios, pero por encima de nosotros. Debemos tomarnos a los demonios muy en serio.

¿Cuántos hay? No sé cuántos ángeles hay en total. Si lo supiera, podría decírselo, porque hay una indicación en Apocalipsis 12 de que uno de cada tres ángeles se convirtió en demonio, se puso en contra de Dios, y está trabajando en contra del reino de Dios. Francamente, eso debe significar millones. Es posible que tales demonios se apoderen de un ser humano y lo posean. Saúl es un buen ejemplo en el Antiguo Testamento, y María Magdalena es un ejemplo de mujer en el Nuevo Testamento: seres humanos que han sido poseídos.

Es extraordinario que la ciencia ficción esté ahora produciendo el mismo tipo de idea: cosas que pueden venir del espacio exterior y habitar los cuerpos de los seres humanos. Mucho antes de que los escritores de ciencia ficción pensaran en eso, la Biblia hablaba de personas poseídas. Permítame decir de entrada que todavía es (y roguemos a Dios, siempre será) una minoría de casos, pero es posible encontrarlos en Inglaterra hoy en día. Es más posible encontrar posesión demoníaca si va al extranjero. En el sudeste de Asia, lo encontrará todo el tiempo. Si va a cualquier país donde la adoración de espíritus es común lo verá, y por supuesto la adoración de espíritus es cada vez más común aquí.

En el ministerio terrenal de nuestro Señor, se encontró con personas que estaban poseídas por demonios al menos en seis ocasiones diferentes: un espíritu inmundo que poseía a un hombre, un espíritu ciego y mudo que poseía a otro, una legión de espíritus que poseían al endemoniado gadareno, un espíritu mudo, una niña, y un niño pequeño. Me educaron en la interpretación de que la posesión demoníaca en el Nuevo Testamento era simplemente su forma de hablar de enfermedad mental, discapacidad física, epilepsia o locura. Ahora sé que la posesión demoníaca es completamente diferente de una enfermedad mental o física. Los síntomas son diferentes; el tratamiento es diferente.

Por ejemplo, los síntomas de la posesión demoníaca son estos: (i) fuerza sobrenatural, de modo que pueden ser necesarias nueve o diez personas para controlar físicamente al poseído, mientras que en el caso mental más grave bastarían dos o tres hombres fuertes; (ii) clarividencia: un conocimiento de otras personas que es absolutamente imposible tener excepto por revelación sobrenatural; (iv) un profundo antagonismo al nombre de Jesús; (v) una reacción violenta a la oración, de modo que una persona poseída pierde los estribos cuando se le ofrece una oración. Esos síntomas que pertenecen a la posesión demoníaca son muy diferentes del caso más avanzado de esquizofrenia o del caso más grave de discapacidad física.

Además, la cura es muy diferente. La posesión demoníaca se cura muy rápidamente —en cuestión de horas como mucho, pero a menudo en cuestión de minutos a través del poder de Jesús y a través del poder del nombre de Jesús—, mientras que una condición mental no se cura instantáneamente, sino que requiere una larga terapia de diferentes tipos.

Cuando Jesús se encontraba con endemoniados, lo reconocían

y le decían: "Aléjate de nosotros. Sabemos quién eres. Tú eres el Santo de Dios". Los demonios fueron los primeros en saber quién era. En todos los casos, se ocupaba del demonio en el acto y liberaba a la persona de la posesión. Tanto si los síntomas eran físicos, mentales o espirituales, podía tratarlos con mucha rapidez.

Cristo no solo se enfrentó a estos casos, sino que comisionó a sus discípulos que lucharan contra ellos. Pienso en el momento en que salieron, de dos en dos, después de que Jesús les dijera que debían expulsar demonios y curar enfermos. Me los imagino con un miedo terrible de encontrarse con alguien endemoniado y finalmente encontrar uno, y a uno de los discípulos diciéndole a otro: "Bueno, tú encárgate de éste y yo haré el siguiente". "No, tú primero. Estoy seguro de que tú podrías hacerlo mejor que yo". Probando el nombre de Jesús en esa situación, y descubriendo para su gran asombro que "Jesús es el nombre más alto sobre todos en el infierno o en la tierra o en el cielo. Ángeles y hombres ante él caen, y los demonios temen y vuelan".

En Hechos encontramos que Pedro, Pablo y Felipe se encontraron con estas situaciones, y en el poder de Jesús los encararon. También podemos ver en el Nuevo Testamento algo de los objetivos de los demonios. ¿Qué intentan hacer? La respuesta es dos cosas: engañar a la gente y destruirla. Este es el objetivo de todo demonio: engañarlo hasta que su pensamiento esté torcido, hasta que no pueda ver de manera recta, hasta que no pueda ver la verdad. Engañarlo, torcerlo y luego destruirlo, ya sea físicamente, arrojándolo por un acantilado o al fuego, o mentalmente, moralmente, socialmente —hasta que, como el endemoniado gadareno, nadie se atreve a acercarse a usted— o espiritualmente. Quieren engañar y destruir a toda persona de la que puedan echar mano, y lo harán.

Fue Jesús quien dijo que oraba por sus discípulos para que los poderes malignos no se apoderaran de ellos. Ahora bien, así como la Biblia al hablar de los ángeles buenos habla de Dios, su líder, mucho más que de los ángeles buenos, la Biblia habla mucho más del líder de los ángeles malos que de los demonios mismos. Nos habla mucho de una persona llamada Satanás, el diablo. A nuestro Señor Jesús se le dan doscientos cincuenta nombres y títulos, pero el diablo recibe cinco nombres y veinticuatro títulos, más que cualquier otra persona en el Nuevo Testamento aparte del Señor Jesús. Por lo tanto, nos corresponde mirar lo que dice. Satanás fue el primero en decirle a Dios: "No. No seré parte de tu reino. Quiero mi propio reino", y se dirigió a los otros ángeles y les dijo: "¿Quieren venir conmigo? No tengan a este Dios sobre ustedes". Los demonios son los que dijeron que sí.

Este importante y poderoso ángel del infierno, de quien Ezequiel nos dice que era el querubín ungido más cercano al trono de Dios, es el que llamamos Satanás. Quiero subrayar esto. Uno puede estar muy cerca de Dios y rebelarse. El más cercano al trono del cielo dijo no a Dios. Estos son sus cinco nombres: Satanás; Abadón (que es *Apollyon* en griego y significa destructor); Belcebú; Belial y Lucifer. Cada uno es un nombre horrible. No hay nada dulce en esos nombres, ni en su significado ni en su sonido. He aquí algunos de los adjetivos: sutil, perverso, inmundo, malvado, mentiroso y, sobre todo, orgulloso. Es una descripción horrible de un personaje, y es la última la que más sale a relucir.

Se lo describe en términos de animales. Se lo compara con tres en particular, dos de los cuales son de la familia de los reptiles, lo cual es interesante. En un zoológico siento una especie de curiosidad morbosa cuando entro en la casa de los reptiles. Al diablo se le describe como una serpiente astuta, una víbora en la hierba, sutil, astuta, un dragón rojo, cruel, poderoso; luego se lo describe como un león merodeador, un león rugiente, el rey de la selva.

Recuerdo un tren que tomé de Mombasa a Nairobi, en Kenia. El viaje, en una línea de vía única, duró toda la noche, ya que el tren serpenteaba subiendo la meseta hacia las Tierras Altas Blancas, como las llamaban. Recuerdo haber leído la historia de cómo se construyó aquel ferrocarril; cómo la mitad de los constructores tuvieron que estar atentos armados mientras la otra mitad colocaba las traviesas y ataba los raíles a ellas con pinchos, a causa de los leones que había por todo el camino, reyes de la selva que estaban al acecho. Se perdieron muchas vidas solo para construir esa única línea de ferrocarril hasta Nairobi a causa de los leones que merodeaban todo el tiempo. Cuando salga de la reunión de su iglesia lo seguirá un león merodeando. Si eso ocurriera físicamente —si literalmente hubiera, según su conocimiento, un león suelto en tu ciudad— y supiera que está merodeando por las calles, estaría en guardia. La Biblia usa esta imagen del diablo para decirle: cuidado, hay un león merodeando en su ciudad, y va tras de usted, así que póngase en guardia. Es interesante que el Espíritu Santo sea comparado con una paloma. ¡Qué contraste! Habrá visto una palomita blanca bajar revoloteando. Dios sabe lo que hace cuando utiliza metáforas de animales en la Biblia.

Ahora vea algunas de las actividades del diablo. Es un calumniador, tentador, engañador, acusador, atormentador, asesino y destructor. Si a un ser humano se le dijera todo eso de él, estaría en el tribunal de inmediato. Sin embargo, esta persona anda suelta.

Es un *calumniador*. Le encanta calumniar, y siempre que calumniamos a la gente el diablo está usando nuestra boca. Es un *tentador*, jugando con los deseos de nuestra carne. Uno de los textos de la Biblia sobre esto dice que juega con nosotros como con los peces. ¿Ha visto alguna vez a un pescador eligiendo su cebo, sabiendo exactamente qué usar, y luego jugando con el pez? "Sé cómo atraparlo. Está ahí abajo. Solo moveré esto encima de él". El diablo hace exactamente eso cuando nos atrae y nos seduce. Esa es la frase en Santiago 1: nos atrae, nos seduce, y nosotros simplemente lo seguimos.

Billy Graham, en uno de sus sermones, habló acerca de un granjero que trataba de llevar su cerdo al mercado y descubrió que, con un cerdo, si uno lo trata de llevar en una dirección, va en otra dirección. Finalmente descubrió que, si ponía un camino de frijoles, el cerdo iba directo al matadero, recogiendo un frijol a la vez y siguiendo adelante. El diablo es un maestro en hacer eso: deja caer algo delante de nosotros que nos gusta, y otra cosa y luego otra cosa, y así seguimos el camino.

Él es el *acusador*, el autoproclamado abogado de la acusación; *atormentador*, puede causarle dolor físico. Pablo tuvo un mensajero de Satanás en su carne para atormentarlo; un impedimento físico con el que tuvo que luchar toda su vida y ministerio.

Creo que son los títulos del diablo los que más me preocupan. Él es el *príncipe de este mundo*, el *gobernante de este mundo*, y como Jesús lo llamó, el *dios de este mundo*, la única persona a la que Jesús llamó "dios" aparte de su propio Padre. Estaba enseñando que el diablo es a quien la gente realmente adora, aunque no lo sepan. Él es ante quien realmente se inclinan, y simplemente no son conscientes de ello.

Eso explica por qué los medios de comunicación están tan llenos de historias de problemas. ¿Recuerda un boletín de televisión en el que todo eran buenas noticias? ¿Por qué está el mundo tan revuelto? ¿Cuál es la explicación? Tenemos personas sinceras y dotadas que intentan arreglarlo. Tenemos gente de buena voluntad que quiere un buen mundo para sus hijos. ¿Por qué no pueden conseguirlo? ¿Por qué nunca llegaremos ahí? ¿Por qué no podemos acercarnos a eso? Le diré por qué: porque la verdadera persona que dirige este mundo es el diablo. Como príncipe de este mundo, se asegurará de que no consigamos la paz si no es bajo sus condiciones, que serán la rendición totalitaria. Por eso debemos tomarlo muy en serio.

En una ocasión, se lo describe como *el príncipe de la potestad del aire*. El aire en la Biblia siempre se entiende como la parte del cielo que está más cerca de nosotros y que nos rodea y, por así decirlo, nos cerca. En otras palabras, entre nosotros y el cielo más alto está la arena de Satanás, rodeando la tierra, el aire a nuestro alrededor. Allí es donde está, el príncipe de los poderes del aire, entre nosotros y el cielo más alto. Ahora bien, él es un rey y tiene un reino, y hay cuatro palabras usadas en la Biblia para describir ese reino.

En primer lugar, es un reino de *desobediencia*. Todo el que es desobediente pertenece a ese reino. Usted nació en él; creció desobediente; aprendió lo que era decir "No" antes de decir "Sí"; nunca tuvo que ser enseñado a ser malo, solo a ser bueno; nunca tuvo que ser enseñado a ser grosero, solo a ser cortés; nunca tuvo que ser enseñado a ser deshonesto, solo a ser honesto. Nació en un reino de desobediencia. Como dijo Jesús a los que no querían creer en él: "Ustedes son de su padre, el diablo".

En segundo lugar, es un reino de *tinieblas*: tinieblas tanto morales como físicas. Las tinieblas que hay en este mundo nuestro y las obras que se hacen en las tinieblas, porque los hombres no se atreven a venir a la luz, son las obras del reino de Satanás. Satanás ama las tinieblas, y por eso a los que están en sus garras les encanta vivir en las tinieblas y no en la luz. Les encantará dormir de día y vivir de noche, mientras que el plan de Dios era que la gente trabajara de día y durmiera de noche, y muchas bestias duermen de día y salen por la noche. Ese es el plan de Dios en la Biblia, pero encontrará que, cuando el diablo se apodera de alguien, se acuesta cada vez más tarde. Empieza a vivir en la oscuridad, no en la luz. Es asombroso cómo el diablo lo da vuelta de esta manera.

En tercer lugar, es un reino de *enfermedad*. ¿Por qué hay hospitales? ¿Por qué hay médicos? ¿Por qué hay médicos y enfermeras que tienen que trabajar para que los servicios sanitarios funcionen las veinticuatro horas del día? ¿Por qué necesitamos medicinas y cirugía? Porque vivimos en el reino del diablo. Dios nunca quiso la enfermedad. No es su voluntad. Cuando llevaron a una mujer a Jesús para que la curara, él la miró y dijo: "¿Ven a esta mujer? Ha estado atada por Satanás estos dieciocho años". Pablo tenía un mensajero de Satanás, una espina en la carne. Le pidió a Dios: "Quítamelo, quítamelo", y Dios dijo: "No, en tu caso no lo voy a hacer, porque creo que puedes glorificar mi nombre aún más mostrando lo que la gracia puede hacer con un mensajero de Satanás". Dejó a Pablo con la enfermedad. A veces Dios cura una enfermedad; a veces la deja, pero toda enfermedad es un mensajero de Satanás.

¿Y la muerte? Cada vez que ve pasar un coche fúnebre, está viendo algo que hizo Satanás. La muerte nunca estuvo destinada a los seres humanos. Nunca fue la intención que nuestras relaciones se rompieran. La muerte es algo que Satanás ha introducido en nuestro mundo. Dios nunca quiso la profesión de enterrador, y ellos se quedarán sin trabajo más adelante. Recuerdo haber leído esta frase en un libro y me impactó mucho: "Todo cementerio debe su existencia a Satanás".

Ese es, pues, su reino. ¿Cuál es su objetivo? La respuesta es que intenta ser Dios. Intenta tener su propio reino. A todo al que susurra, le dice: "¿No te gustaría ser como Dios?". Desde el jardín del Edén en adelante, "¿No te gustaría ser como Dio: controlarte a ti mismo, tener tu propio reino, el poder y la gloria para ti mismo?". Eso es lo que hace. Se apoderó de Nabucodonosor, que se pavoneaba por los Jardines Colgantes de Babilonia, una de las Siete Maravillas del Mundo. Nabucodonosor dijo: "¿No es esta la gran Babilonia, que yo he edificado con mi poderoso poder como residencia real y para gloria de mi majestad?". ¡Escuche lo que dice! ¿No es éste mi reino, mi poder, mi gloria, Babilonia? Pocos meses después, aquel rey vivía como una bestia, comiendo hierba en el campo: tenía las uñas como garras, el pelo largo y había perdido la cordura.

Se dice en el libro de Isaías sobre el mismo diablo: "Dijiste en tu corazón: 'Subiré al cielo por encima de las estrellas de Dios. Pondré mi trono en las alturas. Me sentaré en el monte de la asamblea en el lejano norte. Subiré a las alturas de las nubes. Me haré semejante al Altísimo'", y cualquiera que hable así, ya sea que esté tratando de construir un imperio en los grandes negocios, o que esté siendo el gran jefe en su propia familia, todo hombre que diga: "Mío es el reino", es un hombre al que Satanás ha atrapado.

Un día Satanás le dijo a Jesús: "Todos los reinos del mundo te daré". Le estaba ofreciendo el puesto de Anticristo. Un día un hombre tomará ese puesto de Satanás y se convertirá en el gobernante del mundo. Satanás puede darle el mundo a usted. Puede darle el poder; puede darle la gloria y el reino. Todos los reinos del mundo pertenecen a Satanás, y Jesús no lo contradijo. No dijo: "No son tuyos para darlos". Dijo: "Satanás, voy a seguir sirviendo a Dios, no a ti".

Jóvenes, ancianos, hombres y mujeres, permítanme decirles: el diablo puede darles el mundo. Puede ofrecérselo y decirles: "Se los daré". Si lo aceptan, estarán montados a lomos de un tigre, pero él puede dárselo.

Así que se convirtió en el enemigo, el adversario del reino de Dios. He aquí algunas de las cosas que hace, según el Nuevo Testamento. Siembra cizaña entre el trigo. Dondequiera se siembre la semilla de Dios de la Palabra, Satanás viene y siembra otra cosa. Ciega las mentes de los incrédulos. ¿Por qué es que algunos de sus amigos y parientes inconversos no lo escuchan? Usted les habla. Ellos necesitan a Cristo, y se los dice, y ellos están tan ciegos, mudos y sordos como un cadáver. ¿Qué ha sucedido? La respuesta es que Satanás ha cegado sus mentes y no pueden ver.

Se hace pasar por un ángel de luz. Se apoderó de Judas y estuvo a punto de apoderarse de Pedro. De los doce discípulos, Satanás se apoderó de Judas a través de su dinero. Jesús le dijo a Pedro: "Satanás ha querido tenerte, Pedro". Por supuesto que lo logró. Pedro iba a ser el primer pastor de la iglesia, y Satanás lo deseaba con todas sus fuerzas. Jesús oró por él contra Satanás, "Yo oré por ti para que Satanás no se apodere de ti". Aunque Pedro negó a Jesús, Satanás no consiguió apoderarse de él. Satanás impidió a Pablo ir a Tesalónica. Instigó la persecución y el martirio de los cristianos. No es de extrañar que el Padrenuestro incluya la petición: "Líbranos del maligno".

Ahora, en conclusión, ¿puedo hacerle esta pregunta? Supongamos que usted me dice, como bien podría hacerlo: "Nunca me he topado con ningún espíritu maligno. Nunca he tenido una experiencia personal de las cosas de las que habla". Realmente no sé si alegrarme o lamentarme por usted. Le voy a decir cómo puedes contactarse con espíritus malignos. Usted puede decir: "Pero yo no quiero". Eso es verdad, pero va a encontrarlos de una manera u otra, y hay una manera equivocada de encontrarlos y una manera correcta. Permítanme describir, en primer lugar, la manera incorrecta, según la Biblia.

He aquí algunas de las formas equivocadas. El camino más obvio es el espiritismo, que se está apoderando de miles de personas. Muchos van en busca de consuelo, van por la mejor de las razones. Han sufrido un duelo y quieren saber: ¿qué le está pasando a mi ser querido? ¿Qué está haciendo? Van en busca de consuelo. Una noche di una conferencia sobre espiritismo. En cuanto entré en la sala, supe que había espiritistas presentes, aunque no los había visto. Los sentí, al igual que algunos de los creyentes presentes, y sé que los cristianos estaban orando esa noche porque había una batalla espiritual entre poderes invisibles.

Había allí dos señoras, y les pregunté después: "¿Por qué se hicieron espiritistas?". Me dijeron que fue después de un duelo y les pregunté: "¿Cuánto tiempo están con ellos?". Una llevaba doce años. Le dije: "¿Realmente encontró consuelo? ¿Está más tranquila ahora sobre el más allá que cuando se unió?". Dijo: "Francamente, no". Por supuesto que no. Si los espíritus pudieran darnos paz, nos volverían a perder. Quieren mantenernos colgados del extremo de mensajes inciertos que nos hacen querer más. Es tan fácil quedar enganchados. Es tan fácil dejarse llevar por esos seres en el futuro.

El espiritismo, ¿tiene algo de cierto? Sí. Recuerdo que fui a ver a una viuda cuya hermana la había llevado a una sesión espiritista y me dijo: "¿Tiene algo de cierto?". Le dije: "Desde luego que sí". Ella dijo: "Qué alivio". Dijo: "He preguntado a uno o dos más y se han reído y han dicho que todo es un fraude y una argucia". Entonces me preguntó: "Entonces, ¿está bien si voy?". Le dije: "No, está muy mal. Si no hubiera nada, estaría bien que fuera". Hay fraude; hay argucias; hay telepatía, pero también hay realidad. Uno puede comunicarse, y puede recibir mensajes que le digan cosas que nadie más sabe en el mundo sobre usted y sobre sus seres queridos, porque los espíritus lo saben. Está absolutamente prohibido para el pueblo de Dios. Levítico 19, Isaías 8 y Miqueas 5 son suficientes para decirle eso. De hecho, en el Antiguo Testamento, un judío sorprendido en eso era sentenciado a muerte, tan seriamente era considerado. Saúl es el caso más destacado. Había desterrado a todos los médiums de la tierra en una etapa. Más tarde, cuando Samuel murió, mató a los sacerdotes y empezó a visitar en secreto a la bruja de Endor. Cuando visité la pequeña aldea de Endor, pensaba en un rey que se había rebajado tanto como para colarse, disfrazado, en la casa de una médium para recibir mensajes. Recibió un mensaje que no le gustó y acabó en su suicidio.

Nosotros podemos ser liberados de esto, porque Jesús tiene más poder que los espíritus. Ya no necesitamos tenerles miedo, porque Jesús es más fuerte que todos ellos.

Otra forma es a través de la magia negra y la adoración del diablo, que normalmente se hace en secreto y —tome nota— en la oscuridad, con ritos inmorales y orgías incluidas, y a menudo una especie de imagen invertida pervertida de las ceremonias cristianas: misa negra en lugar de misa blanca y comunión negra en lugar de la Santa Comunión. Fui a un puesto de venta de periódico, miré a lo largo de un estante y había cinco libros sobre magia negra y adoración del diablo en Gran Bretaña; así es como será. No vamos a luchar contra carne y sangre, sino contra principados y potestades, huestes espirituales de maldad en los lugares celestiales, y necesitamos toda la armadura de Dios.

Otras formas en las que la gente se comunica con los espíritus equivocadamente son a través de la astrología, la adivinación de diferentes tipos, incluida la radiestesia, la adivinación, los horóscopos, las "lecturas" (lo que le pasó porque nació en tal y tal fecha y en el signo de esto, aquello y lo otro). No tenga nada que ver con esas cosas, ni siquiera en broma. No lea tales cosas porque las tratará como una broma durante mucho tiempo y entonces un día dirán algo que un demonio puso justo ahí para que convencerlo de que hay algo en esto y habrá un pequeño anzuelo que ha empezado a meterse en su alma.

La idolatría es otra manera. ¿Por qué es malo inclinarse ante ídolos e imágenes esculpidas? No son más que bloques de piedra y madera. No pueden hacer nada; no pueden hablar o moverse. La respuesta, según Pablo, es que detrás de los ídolos hay demonios, y los que adoran a los ídolos tendrán demonios que se abrirán camino. Comer carne ofrecida a los ídolos puede llevarlo a tener comunión con demonios, así como comer pan y vino con cristianos puede permitirle tener comunión con el Señor Jesús.

Uno de los trucos favoritos del diablo es plantar dentro de la iglesia de Cristo a personas que predican herejías, y siempre planta a la gente más agradable posible: amable, amistosa, que ha tomado el glorioso evangelio de Cristo y lo ha distorsionado aquí y allá. Se nos dice en el Nuevo Testamento una y otra vez que tengamos cuidado con los oídos cosquilleantes que solo quieren escuchar alguna nueva enseñanza, alguna nueva teología, alguna nueva doctrina, porque a los demonios les encanta.

Permítame entonces llegar a la manera correcta de comunicarse. Se supone que *debemos* comunicarnos con ellos, pero de la manera correcta, y le diré cómo. Tan pronto como su cristianismo se vuelva sobrenatural, tan pronto como se abra paso a los lugares celestiales, se encontrará con ellos. Tan pronto como su religión se eleve por encima del techo de la capilla y se meta en lugares celestiales tomará conciencia de una tremenda batalla. Su vida de oración se convertirá en una batalla. Será consciente de las fuerzas del mal que luchan contra lo que hace.

En otras palabras, es porque somos tan ordinarios y mundanos, y tan con los pies en la tierra en nuestra fe, que nunca llegamos a los lugares celestiales donde se libra la batalla. Usted puede ir a la iglesia sin encontrarse nunca con un espíritu maligno. Puede cantar himnos, pero si usted va al frente de batalla, los encontrará. Involúcrese en la reunión de oración; ahí es donde encontrará el poder del mal. Vaya al frente de la batalla. Es allá arriba, y entre más se acerca a Cristo, más se acerca a Satanás. Cuanto más cerca esté de Dios, más cerca estará de los principados y potestades. Por lo tanto, puede ser que nuestra experiencia de estas cosas es limitada porque no estamos tan cerca de Dios como necesitamos estar.

Para ponerlo simple, cuando el Espíritu Santo está realmente operando en su vida, los espíritus malignos estarán operando contra usted, pero cuando el Espíritu Santo no está operando, los espíritus malignos lo dejan; no tienen necesidad de molestarlo. ¿Por qué deberían preocuparse? Me han preguntado si tomar drogas lleva a la posesión de espíritus. Mi respuesta es que no, porque francamente, no creo que un demonio esté interesado en un drogadicto. Un drogadicto ya ha dado el paso hacia la autodestrucción, y creo que los demonios se limitarían a decir: "Que se autodestruya. Que siga con ello". El único peligro ahí es que los drogadictos a menudo prueban otras cosas por diversión y cosas en el ocultismo para conseguir experiencias. Por lo tanto, a menudo lleva a lo otro, pero por sí mismo no.

Pero cuando estamos viviendo en los lugares celestiales, en la vanguardia de la batalla, debemos esperar sentir la presencia del mal. Cuando lo hacemos, solo hay una cosa simple para hacer, y funciona. Es decir: "En el nombre de Jesús, vete". No tienen otra opción. Confrontados con la autoridad de nuestro Señor Jesucristo, ningún demonio o diablo puede decir o hacer algo.

En el próximo capítulo quiero describirle la batalla entre los ángeles buenos y los ángeles malos, cómo va a resultar todo, y la victoria triunfante que se nos promete en el Nuevo Testamento.

*Capítulo 3*

# CONFLICTO DE PODERES SOBRENATURALES

Quiero intentar atar algunos cabos sueltos que nos han quedado. Hemos pensado en los ángeles buenos de Dios. Tal vez hayas empezado a pensar en ellos realmente en serio por primera vez. Lo reconfortó la idea de que Dios nos rodea con sus ministros, sus mensajeros. Luego consideramos los ángeles malos, y tal vez descubrió para su sorpresa que los ángeles malos están en el cielo igual que los buenos, y que su tarea consiste en obstaculizar la obra de Dios y hacer todo lo posible para impedir que se extienda el Reino.

De hecho, puedo ilustrar el conflicto entre ambos de forma muy sencilla e interesante a partir del libro de Daniel. Al referirme a los ángeles buenos mencioné que Daniel oró a Dios (según aparece en Daniel 9). Un ángel salió del trono de Dios al comienzo de la oración de Daniel y entró en la habitación de Daniel antes de que éste se levantara de sus rodillas. Así de rápido se mueven, desde el trono del Padre en el cielo hasta la habitación de Daniel en el espacio de una oración tan corta que leerla solo lleva alrededor de un minuto. Pero en el capítulo siguiente llega un ángel y le dice que se ha retrasado veintiún días y que no pudo pasar hasta que Miguel (otro importante ángel de Dios) lo ayudó.

A algunos esto les parecerá un cuento de hadas. Puede parecer increíble. Sin embargo, lo presento de esta manera para mostrarle que hay un conflicto en el universo. Es un conflicto en el cielo. Es un conflicto entre los ángeles que han permanecido fieles a la voluntad de Dios y aquellos que han elegido rebelarse contra él. El universo está en un estado permanente de guerra. Estemos o no como país en paz o en guerra, cada cristiano está en guerra. Por eso se dice que cada creyente es un soldado que no lucha contra otras personas ni necesariamente contra males sociales, aunque debemos luchar contra ellos. Pero cada uno de nosotros es un soldado, porque cuando fuimos salvados fuimos puestos en el reino sobrenatural de los lugares celestiales. Estamos justo en el centro de ello, y estaremos en un permanente estado de guerra.

Una vez que hemos comprendido esto, nos encontramos con la explicación de dos hechos desconcertantes. El primero es el hecho del conflicto exterior en el mundo. ¿Por qué no podemos detener las luchas, el derramamiento de sangre y las guerras de la raza humana? El quinto volumen de Churchill sobre la Segunda Guerra Mundial, titulado *Triunfo y Tragedia*, tiene como subtítulo "Cómo triunfaron las grandes democracias y pudieron así reanudar las locuras que tan cerca habían estado de costarles la vida". Es una frase churchilliana, y demuestra cierta comprensión. Apenas salimos de una, empezamos a sembrar las semillas de la siguiente. ¿Por qué?

Se dijo que la Primera Guerra Mundial sería la guerra que pondría fin a la guerra, y que estas cosas no volverían a ocurrir. Al cabo de un cuarto de siglo estábamos inmersos en otro sangriento conflicto. ¿Por qué? ¿Es que la humanidad no quiere la paz? Sin duda hay suficientes personas en el mundo que tienen buena voluntad y que no quieren luchar. ¿Por qué nunca podemos alcanzar lo que buscamos, aquello por lo que muchos lucharon y murieron? ¿Por qué este mundo está en un estado tan perpetuo de conflicto que es como la superficie de un caldero hirviendo, en el que no sabemos dónde aparecerá la próxima burbuja o problema?

La respuesta es que ninguna guerra ha derrotado aún a los verdaderos enemigos. Los conflictos de la tierra son un desbordamiento. Podemos pensar que los causantes de la guerra son un determinado grupo de personas y que, si conseguimos librarnos de ellas, acabaremos con las luchas. Nunca lo conseguiremos. Aunque nos deshiciéramos de cada grupo, de cada país, de cada clase que consideramos responsables de los problemas, le garantizo que en poco tiempo volveremos a tener problemas. Los verdaderos enemigos no son de carne y hueso sino los ángeles malignos, principados y potestades.

Ahora bien, el segundo hecho desconcertante es el conflicto interno que cada cristiano experimenta. Existe el conflicto exterior, que todo el mundo conoce, y el conflicto interior que solo el cristiano conoce. ¿No es cierto que cuando llegamos a conocer al Señor tuvimos un período de luna de miel en el que caminamos por las cimas de las montañas con él? Nos asombraba que la vida pudiera ser tan maravillosa y aparentemente tan fácil. Lo amábamos, amábamos a los demás. Luego la luna de miel terminó y nos encontramos en un campo de batalla en la línea del frente, al igual que durante la guerra algunos de nuestros hombres volvieron a casa y se casaron y tuvieron solo un breve interludio y luego fueron empujados de nuevo a la lucha. Todo cristiano le dirá que muy pronto estaba de nuevo en el frente de batalla y luchando duramente para mantenerse en pie.

¿Por qué? Mire de nuevo el capítulo 7 de Romanos. ¿Por qué lo que hago no es el bien que quiero hacer? Queremos hacer la voluntad de Dios. Entonces, ¿por qué no podemos? ¿Qué es lo que falla? Nunca se dará cuenta de lo que ha ido mal hasta que piense en ese conflicto de arriba. Su conflicto interior es un desbordamiento de él. Para decirlo todo en una palabra, la razón por la que el mundo está en tal estado y la razón por la que usted está así es que estamos en el territorio mismo del diablo. Estamos bajo su poder; el mundo es su reino.

*He's got the whole world in his hand* (Él tiene el mundo entero en su mano) es una canción preciosa, pero creo que tenemos que darnos cuenta de lo que estamos diciendo cuando cantamos esas palabras. Según el Nuevo Testamento, la verdad sobre nuestro mundo es que "El mundo entero está en poder del maligno". El mundo entero está en manos del diablo.

Por eso estamos donde estamos, y por eso nunca parecemos

capaces de obtener lo que más deseamos en el fondo de nuestro corazón. Él tiene al mundo entero en sus manos; ése es nuestro problema.

¿Cuál es, entonces, la salida? La respuesta se encuentra en el Padrenuestro: "No nos dejes caer en la tentación, mas líbranos del maligno". Eso es lo que el Señor enseñó a orar a sus discípulos. Siempre que cantamos u oramos eso, estamos pidiendo que Dios en el cielo nos libre del poder que atenaza a todo este mundo.

¿Cómo nos libra Dios? ¿Qué hace al respecto? Ahora quiero llevarlos a través de toda la Biblia "de generación a revolución" (de Génesis a Apocalipsis o Revelación) otra vez, y estos son buenos nombres si lo piensa. Quiero llevarlo a través de ella y mostrarle que el hilo escarlata que corre de principio a fin es el tema de que Dios nos libera, que Dios es nuestro libertador, nuestro liberador, nuestro Redentor —la misma palabra— nuestro rescatador, que él es nuestro Salvador. Por eso se escribió la Biblia.

Examinaremos brevemente el Antiguo Testamento y luego, más detenidamente, el Nuevo. El Antiguo Testamento es un registro de cómo Dios demostró a cierto pueblo que podía liberarlo de las garras del enemigo más poderoso. Eligió para ello a un pueblo extraordinario: un pequeño grupo de esclavos sin dinero, sin propiedades, sin patria, sin recursos, sin ejército y sin líder. Estos esclavos, en las garras de la nación más poderosa del entonces mundo conocido, el vasto imperio egipcio con sus faraones, cuyas pirámides aún sobreviven. Dios dijo: "Los sacaré de ahí. Los libraré". Y lo hizo.

Con un poderoso brazo extendido los sacó adelante. Le dieron un nuevo nombre. Dijeron: "Tú eres el libertador, tú eres el redentor, tú puedes salvarnos". Contra todo el poder de esa nación, los esclavos salieron. Dondequiera que iban se enfrentaron a los jebuseos, los amalecitas, los cananeos, todos. Aunque se enfrentaron a números y armas superiores, Dios los sacó adelante cada vez. Nunca ha habido tal cosa en la historia de la humanidad como la historia de la conquista judía de las naciones poderosas. No hay nada parecido en los anales de nuestra raza. No es de extrañar, pues, que cuando el emperador Federico preguntó a un filósofo: "Deme una prueba de la existencia de Dios", la respuesta de éste fue: "Su majestad, los judíos".

Pero eso fue solo la primera mitad del Antiguo Testamento. La segunda mitad es todo lo contrario. Esa misma nación de Dios es pisoteada, invadida, ocupada por unos tras otros: asirios, babilonios, egipcios de nuevo, los griegos bajo Alejandro Magno y, finalmente, los temidos romanos. ¿Qué había salido mal? ¿Por qué en la primera mitad del Antiguo Testamento hay victoria, conquista, y en la segunda mitad, derrota, ocupación? La respuesta es que Dios les demostró no solo que podía liberarlos sino que también necesitaban ser liberados del maligno.

Es que lo que les pasó a los judíos cuando fueron liberados por primera vez, dándoles paz y abundancia, es exactamente lo que le ha pasado a Gran Bretaña después de 1945. Es exactamente lo que siempre sucede cuando somos liberados de nuestros enemigos físicos: caemos directamente en las manos de nuestros enemigos espirituales. En el país de Israel vino esa carrera hacia la riqueza. Vino la codicia egoísta y la lujuria. Vino esa impiedad que ha sido una característica de nuestra nación desde que abarrotamos las iglesias para los días nacionales de oración en la guerra. Esto es lo que sucedió.

Aunque Dios salvó a los hebreos de todos sus enemigos naturales, sus enemigos sobrenaturales se apoderaron de ellos y olvidaron a su Creador. Dios necesitaba mostrarles sus verdaderos enemigos. Él les había mostrado que podía liberarlos. "Pero ahora", les dijo, "voy a librarlos de éstos". Les prometió que les enviaría un libertador para hacerlo. La palabra en hebreo, por supuesto, es "Mesías" y en griego es "Cristo".

Ahora tenemos el escenario para ir al Nuevo Testamento. Vemos la imagen. Una nación es ocupada por los romanos. Si nunca ha vivido en una nación ocupada no creo que pueda apreciar lo que es ver tropas extranjeras marchando por sus calles, temiendo encontrarse con uno de ellos o que llamen a su puerta. La mayoría de nosotros no hemos conocido esto. Si lo ha conocido, comprenderá que el anhelo del judío era la liberación de las botas romanas, pero cuando Jesús vino no quiso hacerlo. Si quiere saber por qué los judíos rechazaron a su propio libertador, fue porque él quería liberarlos de sus enemigos espirituales. Ellos querían que los librara de sus enemigos naturales. Pero él dijo que no, que había venido a liberarlos del mal. Querían ser liberados de los romanos. ¿Cuándo pondría Jesús manos a la obra? Por eso ocurrió la cruz.

Si vamos al Nuevo Testamento, podemos mencionar tres cosas: la derrota pasada de nuestros enemigos espirituales sobrenaturales del mal, llevada a cabo por la muerte de Jesús (ver Colosenses 2:15); la derrota presente de los mismos poderes sobrenaturales del mal en nuestra vida actual; y lo que Dios va a hacer con ellos en el futuro.

Mire a nuestro Señor. ¿Sabe cuál fue la primera mención de Jesús en la Biblia? Fue en Génesis 3. Dios le dice a Satanás: "Pondré enemistad entre ti y la mujer, y entre tu simiente y la simiente suya. Él te herirá en la cabeza y tú le herirás en el talón". He aquí la promesa de Dios, que se extiende a lo largo de los siglos, de que un día alguien nacido de mujer se enfrentaría a Satanás, no solo incapacitándolo, sino asestándole un golpe mortal. Durante miles y miles de años, la promesa no se cumplió, hasta que un día nació un niño en Belén.

¿Por qué nació Jesús? Lea este pasaje de las Escrituras: "Por tanto, ya que ellos son de carne y hueso, él también compartió esa naturaleza humana para anular, mediante la muerte, al que tiene el dominio de la muerte —es decir, al diablo—, y librar a todos los que por temor a la muerte estaban sometidos a esclavitud durante toda la vida".

Destruir al diablo fue el principal propósito de Jesús al venir, además de liberar a las personas que tenían miedo a morir. Por supuesto que tienen miedo a morir. Si usted es un ciudadano del diablo estará obligado a tener miedo de eso, si tan solo piensa en sus implicaciones. Hoy me encuentro con cada vez más personas, más de las que he conocido antes en mi ministerio, que tienen miedo a morir. Cristo nació en Belén para liberarlas.

He aquí otro pasaje: "La razón por la que apareció el Hijo de Dios fue para destruir las obras del diablo". Jesús vino a destruir los espíritus malignos y a quitar su poder de este mundo. Hay muy pocas personas hoy en día que ven eso. Puede que en Navidad intercambien tarjetas navideñas, vayan a un servicio de villancicos, pero ni una sola vez se dan cuenta de que se trata de una invasión.

Hubo dos ancianos, uno justo antes del nacimiento de Jesús y otro después, que se dieron cuenta de esto. Piense en Zacarías. Si ha asistido regularmente a una iglesia anglicana, puede que reconozca estas palabras: "Bendito sea el Señor, Dios de Israel, porque ha visitado y redimido a su pueblo"; y sigue: "Para concedernos que siendo liberados de nuestros enemigos podamos" —¿podamos hacer qué? ¿Disfrutar de paz y abundancia? No— "servirle en santidad y justicia todos nuestros días".

La otra persona fue un anciano llamado Simeón. Cuando vio a ese bebé dijo: "Según tu palabra, Soberano Señor, ya puedes despedir a tu siervo en paz. Porque han visto mis ojos tu salvación…" Salvación en ese bebé.

Piense en las tentaciones. ¿Por qué el primer acto de Jesús en su ministerio fue un combate preliminar con el diablo? ¿Por qué empezó en privado y no en público? Porque aquí tenemos a los dos adversarios enfrentándose. El que es el príncipe de este mundo, el diablo, y el que vino a quitarle el mundo: Jesús. Cuando el diablo dijo: "Mira te daré todos los reinos del mundo", Jesús no dijo: "No son tuyos para darlos". Son suyos. Jesús no aceptó la oferta.

Piensa en el ministerio terrenal de Jesús. Jesús fue consciente durante todo su ministerio de que no luchaba contra hombres y mujeres (nunca luchó contra ellos), sino contra los poderes sobrenaturales del mal. Por eso dijo que, si vas a destruir las posesiones de un hombre fuerte, es mejor que lo ates primero. Más vale que seas más poderoso que él o no llegarás a ninguna parte. Estaba diciendo que él tiene el poder de despojar a Satanás.

"Esta mujer, atada por Satanás durante dieciocho años, ¿no la desataré?", y lo hizo. Es que él tenía el poder de destruir las posesiones del hombre fuerte. Dondequiera que iba, hacía incursiones de comando en el reino del mal y liberaba a las personas del diablo; las liberaba de los demonios.

Un día se le acercó la gente diciendo que lo hacía con magia negra, con el poder de Belcebú, que era el diablo quien lo obligaba a hacer eso. Jesús les enseñó: "¿Cómo se atreven a decir eso? ¿Puede mantenerse en pie un reino dividido contra sí mismo? ¿Puede mantenerse una casa y una familia en guerra civil?". No, claro que no. ¿Cómo puedo tomar a esta víctima de Satanás y liberarla por el poder de Satanás? Es una contradicción viviente.

Un día llamó a sus discípulos y los envió de dos en dos, habiéndoles dado instrucciones de que cada vez que se encontraran con una víctima de Satanás, debían liberarla. Imaginemos a dos de los discípulos yendo por el camino —podríamos decir Santiago y Juan— con la esperanza de no encontrarse con nadie poseído por un demonio. Me pregunto qué harán. De repente se encuentran con alguien poseído por un demonio, presa del mal. Santiago podría decir: "Tú primero, Juan. Intenta este y yo me encargaré del siguiente".

Me pregunto cómo se habrán sentido cuando llegaron a su primera oportunidad. Sé lo que sintieron en la segunda. Pero para la primera habrán dicho: "¿Qué hacemos? Intentémoslo, ¿sí? Llevémoslo a un lugar privado; aquí hay una calle lateral, llevémoslo allí". Entonces habrían dicho: "En el nombre de Jesús", y el hombre fue liberado. Podemos ver a los dos corriendo hacia el segundo, ¿verdad? Cuando volvieron a Jesús dijeron: "Señor, hasta los demonios se nos someten en tu nombre". Jesús miró hacia arriba y dijo: "Puedo ver a Satanás cayendo como un

## Conflicto de poderes sobrenaturales

rayo del cielo". En su informe vislumbró el derrocamiento final de esta horrible criatura.

Más tarde, Jesús diría: "Voy a ir a Jerusalén", y Pedro respondió: "Nunca irás allí, Señor. Te matarán si vas allí". Jesús se dio vuelta y dijo: "¡Apártate de mí, Satanás!". ¿Por qué iba Satanás a tratar de impedir que Jesús fuera a Jerusalén? ¿Por qué iba Satanás a tratar de impedir que lo mataran? Seguramente esta sería la respuesta. Seguramente lograría el propósito de Satanás que este Hijo de Dios fuera eliminado de la escena terrenal y no ayudara a nadie más. Ah, pero es no hemos entendido la cuestión. Satanás sabía que en la muerte de Jesús lograría más victoria de la que jamás tuvo en su vida.

Acompáñeme al aposento alto y escuche lo que dice nuestro Señor la noche antes de que se lo lleven. "El juicio de este mundo ha llegado ya y el príncipe de este mundo va a ser expulsado. Pero yo, cuando sea levantado de la tierra, atraeré a todos a mí mismo". Está emocionado porque algo está a punto de suceder. Continúa diciéndoles: "Ya no hablaré más con ustedes, porque viene el príncipe de este mundo. Él no tiene ningún dominio sobre mí", y se dirige a la cruz.

"Desarmó a los poderes y a las autoridades y, por medio de Cristo, los humilló en público al exhibirlos en su desfile triunfal". Jesús había despojado a los principados y potestades. Él había tomado esta mujer, a ese hombre y a ese joven, y los había liberado, pero ahora iba a derrotar abiertamente a los poderes malignos. ¿Hubo alguna vez tal demostración de maldad como la cruz? ¿Hubo alguna vez tal demostración para que veamos lo que los poderes de las tinieblas pueden hacer? Estaban tan presentes que hasta el sol fue tapado y se hizo como medianoche. Los poderes de las tinieblas se concentraron en un hombre, el hombre que era el Hijo de Dios, y él tuvo que pelear esa última batalla completamente solo. Incluso su Padre lo dejó solo para pelearla. Jesús luchó esta batalla con todo el mal, no solo de los hombres, porque no se puede culpar solo a los hombres por lo que ocurrió.

# ÁNGELES

¿Qué llevó al hombre a hacer algo tan terrible, la desgracia suprema de nuestra historia? Fue porque los espíritus malignos sobrenaturales los tenían a todos en sus garras, porque los poderes de las tinieblas estaban concentrados en un punto del tiempo y del espacio, y un hombre luchó contra ellos y venció. Cuando dijo "Consumado es" no fue un grito de desesperación, sino de triunfo. Por primera vez en la historia de la raza humana un hombre había conseguido hacer la voluntad de Dios desde su nacimiento hasta su muerte, y todos los poderes del mal no habían podido tocarlo.

Por eso la cruz ha quebrantado los poderes de las tinieblas, los ha desarmado, los ha despojado, pues esa es la palabra utilizada en Colosenses 2:15. Así como Jesús fue despojado físicamente para que el público lo viera, los espíritus malignos del universo fueron despojados para que nosotros lo veamos. Así como el velo del templo se rasgó en dos, y la morada de Dios quedó abierta a la mirada de los hombres, así el velo que cubría los ojos de los hombres, cegándolos al mal, fue rasgado por la cruz.

Por eso es tan apropiada la resurrección y tan apropiada su ascensión. La Biblia nos dice que Dios no solo resucitó a Jesús de entre los muertos, sino que lo hizo sentarse a su derecha, muy por encima de todos los principados y potestades, de todos los ángeles malignos, del diablo y de sus demonios, y ahora está por encima de ellos. Él luchó aquí abajo y venció, y ahora está por encima de cada uno de ellos.

Piensa ahora en la victoria presente que usted puede tener. Si lo que estoy diciendo es verdad, puede probarlo con una simple prueba. La próxima vez que enfrente al diablo, resístalo en el nombre de Jesucristo, que murió en la cruz. ¿Sabe lo que ocurrirá? El enemigo huirá; no se atreverá a quedarse. Santiago 4:7 dice: "Resistan al diablo y él huirá de ustedes".

Esa es la prueba de que hay un hombre arriba que puede darle la fuerza para hacerlo. Por eso puede tener la victoria. Una y otra vez esto aparece en la Biblia. Romanos 16:20: "El Dios de paz aplastará muy pronto a Satanás bajo los pies de ustedes".

Juan dice: "Les escribo a ustedes, jóvenes, porque han vencido al maligno". ¿Cómo logramos hacerlo? Juan continúa diciendo que todo el que ha nacido de Dios es guardado por Cristo y el maligno no lo toca.

Cuando usted dice: "No nos dejes caer en la tentación", ¿sabe por qué ora? Hay una promesa en la Biblia de que aquellos que buscan a Dios saben que él nunca dejará que el diablo o un demonio los tiente más de lo que puedan soportar, sino que siempre les dará una vía de escape para que nunca, ni por un minuto, en esta vida estén bajo el control de los poderes malignos del universo. Por eso oramos: "Danos hoy nuestro pan de cada día" —lo necesitamos cada día—, "Perdona nuestras ofensas" —lo necesitamos cada día. Pero también necesitamos seguir cada día: "No nos dejes caer en la tentación, mas líbranos del maligno", y eso es algo que usted sabrá.

Por último, la Biblia dice: "Sabemos que somos de Dios y que el mundo entero está en poder del maligno". ¿Seguirá así el mundo? ¿Son los cristianos los únicos que conocerán el poder de Dios sobre el mal o hay algo más?

Hay algo más. Quiero decirle lo que Dios va a hacer a los ángeles malignos. Todo está en la Biblia. Todo está en la mano de Dios finalmente, así que podemos cantar "Él tiene el mundo entero en su mano". Dios sabe lo que hará con ellos. Él tiene un plan y lo ha revelado. Consiste en cuatro pasos, cuatro cosas que va a hacer a los ángeles malignos. Lea el libro de Apocalipsis capítulos 12 y 20. En esos dos capítulos tenemos una imagen cristalina de estas cuatro cosas. Primero: el diablo y sus ángeles serán trasladados del cielo a la tierra. Segundo: van a ser trasladados de la tierra a un lugar llamado la "fosa", que veremos en un momento. Tercero: se les permitirá regresar a la tierra por un breve momento. Cuarto: serán desterrados al infierno. Este es el cuadro. También habrá un paso número cinco: habrá un nuevo cielo y una nueva tierra libres de todo rastro de maldad.

¿Ha estado en la catedral de Coventry? Al subir la escalinata este, ve dos estatuas grotescas pegadas a la pared. Tienen un mensaje basado en Apocalipsis 12. Arriba verá una estatua de Miguel, uno de los ángeles más importantes de Dios. Abajo, encogido de miedo, verá a ese viejo dragón, esa serpiente, Satanás mismo. Eso debería recordarle a usted que un día Dios va a decirle a Satanás y a todos sus ángeles que bajen a la tierra por un tiempo, pero que salgan de su cielo.

Ese es el primer paso. Dice que habrá guerra en el cielo y que Miguel y los ángeles de Dios lucharán contra Satanás y sus ángeles, y serán desterrados a la tierra. Estarán tan enojados y tan frustrados sabiendo que sus días están limitados y contados que derramarán sobre este mundo tal maldad como apenas nos atrevemos a mencionar. Cuando el mundo reciba toda la fuerza del mal va a estar en un estado terrible. Si Dios no hubiera acortado los días nadie se salvaría.

El siguiente paso es desterrar al diablo de la tierra. Un día, la tierra va a estar libre de guerras. Un día, Dios va a demostrar en este mundo que puede haber paz, cuando todas las cosas estén bajo su control. Ese reino por el que oramos en el Padrenuestro no será establecido por esfuerzo humano. No se establecerá mediante una "guerra para acabar con la guerra". Se establecerá cuando Dios destierre a Satanás de la tierra, y entonces tendremos paz, una paz tal que incluso la naturaleza la sentirá, y el lobo y el cordero se echarán juntos y el león comerá paja como el buey.

Después viene el período en que Dios muestra lo que puede hacer con este mundo cuando el diablo está fuera de él. Al diablo se le permite volver por un breve momento (únicamente, en mi opinión, por lo que he leído de las Escrituras, para mostrar que incluso las personas que han disfrutado de tanta paz todavía pueden ser engañadas, y lo serán).

Luego viene el gran clímax de todo, cuando Satanás y todos sus ángeles, un tercio de la hueste celestial que arrastró con él, son echados del cielo y de la tierra y enviados al basurero de Dios —porque eso es el infierno—, para nunca más molestar a las criaturas que Dios ha hecho. ¡Aleluya por ese día! ¡Cómo lo esperamos, cuando el diablo no vuelva a tocarnos!

Alguien me preguntó si los ángeles malos se salvarán alguna vez. La respuesta es claramente no. Si lee Hebreos 2 dice que Cristo no murió por los ángeles. Los ángeles no pueden salvarse de sí mismos; nosotros podemos salvarnos de su dominación. No pueden ser liberados de sí mismos. Los ángeles malos son desterrados. El viejo cielo y la vieja tierra que Dios hizo han sido tan contaminados y estropeados que quiere hacer uno nuevo: "He aquí, yo hago nuevas todas las cosas". Habrá un cielo nuevo y una tierra nueva.

Mi última pregunta es ésta: ¿dónde quiere pasar la próxima vida? Porque nuestro Señor dijo: "Un día las naciones se reunirán ante mí. Separaré las ovejas de las cabras. A éstos les diré: 'Vengan, benditos de mi Padre, hereden el Reino'. A aquéllos les diré: 'Vayan a ese lugar que está preparado para el diablo y todos sus ángeles'".

Creo que los que rechazan a Dios, y los que viven vidas egoístas y sin Dios, y los que no se preocupan por estas cosas, no se dan cuenta de que están eligiendo vivir para siempre con el diablo y sus ángeles en el infierno. Pero los que creen en el Señor Jesús y creen que vino a vivir para liberar a la gente, y a morir para liberarnos de la esclavitud del pecado y de la muerte, para destruir las obras del diablo y permitirnos vivir con Dios y sus ángeles, quieren cantar sus misericordias, porque nos ha dado a cualquiera de nosotros la oportunidad.

Los ángeles pueden parecer algo irreales a algunas personas. Un día serán terriblemente reales para usted. Un día no se preguntará si el Sr. Pawson sabía de lo que hablaba. Un día conocerá a los buenos o a los malos cara a cara, y sabrá que vivirá con ellos para siempre. Si no vive con los buenos, no será culpa de nadie más que suya, porque ha oído la verdad, y el evangelio es para todos los que creen. Jesús murió para abrir el reino de los cielos a todos los creyentes. Esas son las palabras que decimos en muchos servicios funerarios, y un día en el suyo.

www.ingramcontent.com/pod-product-compliance
Lightning Source LLC
Chambersburg PA
CBHW070338120526
44590CB00017B/2940